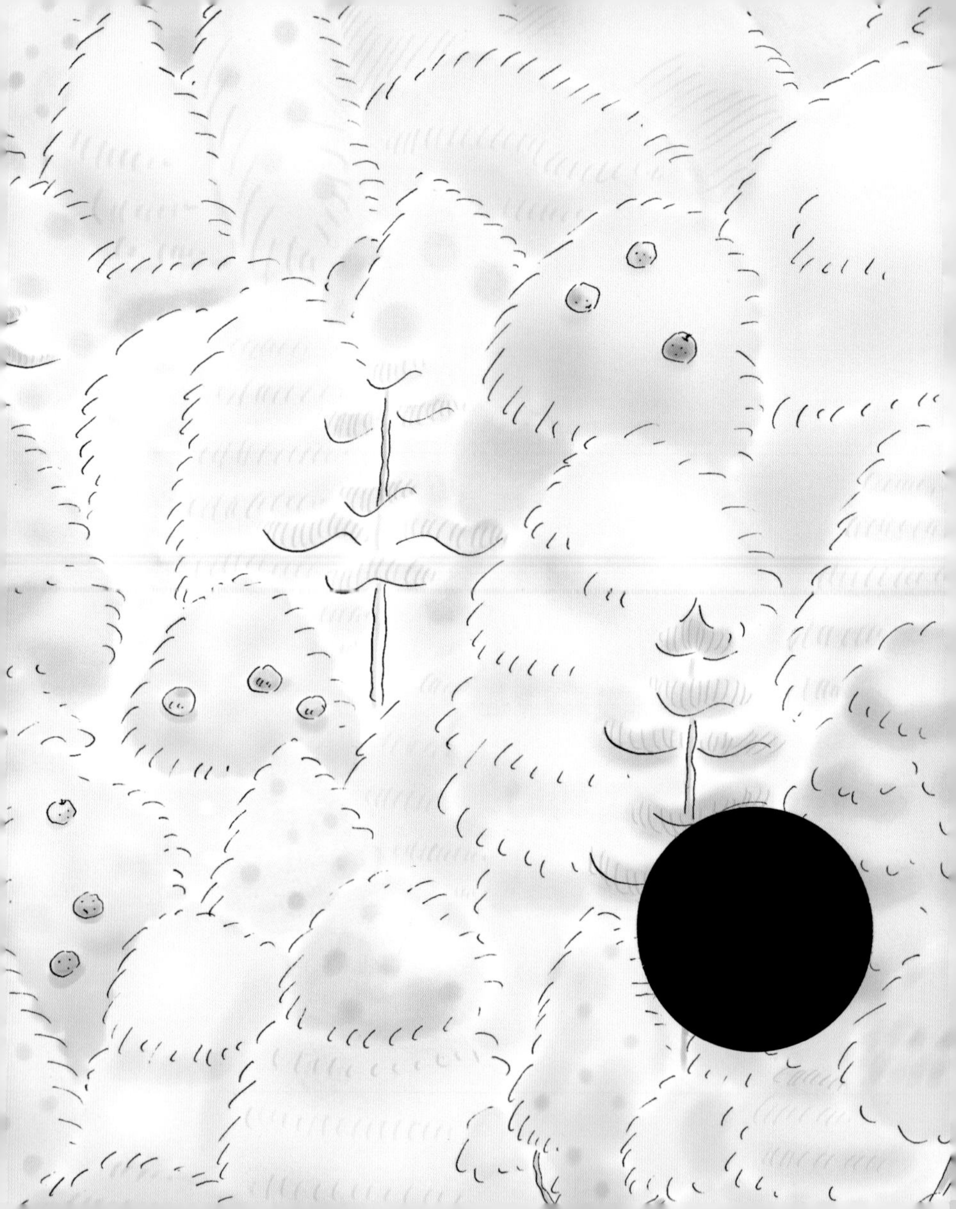

你們這裡真好！

小動物起宮殿

謝立文 著　　麥家碧 繪

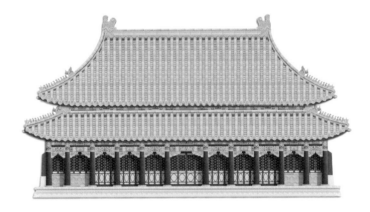

序　繼往開來，傳承文化

　　長久以來，我時常感受到故宮書籍的出版之於文化傳承的重要性。這種傳承除了學術上的推陳出新、藝術上的多彩呈現、宣傳上的傳播引導之外，還有一則，那就是用更加活潑、新穎、親切的方式培養我們未來的知音，讓更多的小朋友發自內心地喜歡故宮，從而走進故宮、了解故宮，繼承並發揚故宮蘊含的傳統文化的光輝。

　　很高興設計及文化研究工作室的趙廣超先生及其團隊，如此精心地打造這套《我的家在紫禁城》系列。我相信，這個系列能讓小朋友在掌握知識、感受傳統文化的同時，亦能津津有味、興趣盎然地閱讀它。就是像你我這樣的成年人，也可以藉著本書，一同來回味那已逝的童真，並輕鬆地欣賞故宮文化的廣博！

王亞民

故宮博物院原常務副院長暨故宮出版社社長

那天我和小松鼠、小刺蝟、熊貓弟弟一起吃小點，
忽然聽到一把人類的聲音。他說：「噢，這裡很好！」

森林裡很少見到人，偶然才會遇上
幾個伐樹的樵夫。小松鼠最好奇，也最大膽。
他跑到樹上，探頭問：「先生，你是樵夫嗎？」

那位先生看見我們，
口裡還喃喃地說：「看，你們這裡很好！」

「我是皇帝的工匠。皇帝要起一座最好的皇宮。
我本來不知道怎樣才是最好的皇宮，現在知道了。」

「那怎樣才是最好的皇宮？」我一邊咬著果子，一邊問。

「你們這裡，便是最好的皇宮。」他這樣說，
我們都感到很奇怪。

「看！多美麗的樹！穩固的樹幹，
茂密的樹枝，像一把打開的傘，
樹葉可以遮蔭，也可以擋雨。」

「皇宮裡將會有很多的樹，四棵樹，便是一間房子。
我會給它鋪上一片片金黃色的樹葉，
葉子下，是一朵朵五彩的花，就跟你們的一樣。」

「也跟你們的一樣，我用一排排交錯的枝葉，
把房子圍起來，用纏繞著的藤蔓花果，
把睡覺的窩也圍起來，這樣就既通爽，又溫暖。
金碧輝煌的皇宮，呼吸著森林原野的氣息，
那便是最好，就跟你們這裡一樣好。」

「還有山，還有河流……還有你啊，樹上的小松鼠！
小動物 —— 在最好的皇宮裡，不可能沒有你們啊！」

「皇宮裡也可以有山和河流？」害羞的土撥鼠也忍不住好奇地問。

「可以啊，那是從你們這裡學來的好本領！」

「我會學你們一樣，把泥土挖出一條長坑，
　　再把附近的水引入，變成一條小河。
　在河裡，我們可以種些荷花，養些金魚。」

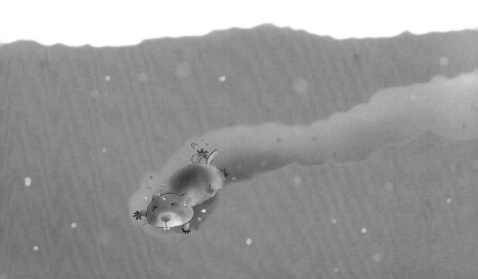

「挖出的泥，我們把它堆啊堆，
堆到皇宮的背後，變成一座小山丘。
北風呼呼的時候，小山丘可以擋風；
在晴朗的日子裡，登上山丘，
看片片金黃色的樹頂，
看處處跟你們這裡一樣好的皇宮……」

像枝葉纏繞

遮光擋風
更易入睡

脊獸

堆起了一座山

景山

挖出了一條河

門窗

金水河

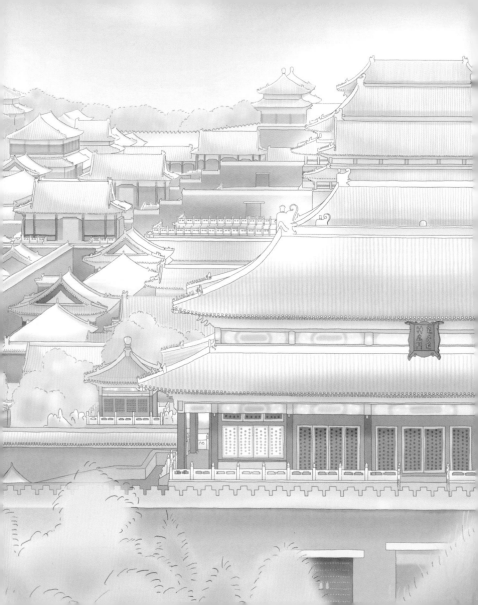

「因為最大的皇宮，也沒有天空大。

天空下，是山河，是森林，是動物，是更多更多的人。

天空對皇宮裡面的人說：

『你們不只是住在皇宮裡，天底下，才是你們共同的家。』」

我們一起下山，
這位什麼都說好的叔叔忽然又說：「看！這裡才是最好！」
我們卻什麼都看不見。
他說：「這平原多好！在平原上看天空多好！」

「皇宮裡，一定要有一片大平原，
可以看見最大的天空。這是最重要的！」

講故事

牧羊

商人

寫字

果品

茶食

催車

賣棉布

地攤

各色細果

雜貨

金銀首飾店

划船

划船

划船

木行

食店

小販

看相

賣豬羊肉

苦力工人

驢子

趕鵝

化緣僧侶

行什　斗牛　獬豸　狻猊　押魚　天馬　海馬　獅子　鳳　龍　仙人

我們排排坐在山脊上，回想叔叔剛才的說話。
入夜後，天空好像越來越近，彷彿快要貼到我們身體上。
以前從未這樣想過，但這一刻，
我想，在天空下的感覺真好。
土撥鼠也同意。

小松鼠

小刺蝟

熊貓弟弟

我

工匠叔叔

土撥鼠

叔叔說，夜了，要走了。
我們送他一些美味的松子和一些竹葉，
他向我們一一謝過，便轉身步入夜裡。
這時月亮剛好升到頭頂上，
小動物都說要去睡了，便各自返回自己的窩裡。

媽媽問我這麼晚跑到哪裡去了，順手給了我一個熟透的香梨。

我看看月亮，看看手中的梨，

跟媽媽說：「媽媽，我們這裡真好，好得連皇帝都要搬到這裡居住了！」

媽媽說：「傻瓜！」

從森林到皇宮

最後……

最後，皇帝沒有真的搬到森林裡去，卻把森林搬到了京城中。
數以萬計的大樹從浙江、江西、四川等林木場，用上三四年
的時間，運抵京師。

敬惜

木建築當然以木材為主，但每一棵被選上的樹，都得到善用
與珍惜。一柱一樑，都經過多重保護和防蟲工序，皇宮裡嚴
格地限制生火，保護人命，保護「林木」。

故宮自 1420 年建成至今已有六百多年，期間雖發生過幾次
大火，但大多用木材建造的宮殿，至今還保存得很完好。
六百年啊！這是對樹木愛惜與尊重的結果。

流水

初到故宮，最教人意外的可能是太和門前面的小橋流水。
金水河一度更有荷花和游魚，教人難以想象這是「嚇人」的
皇宮。雖說金水河有風水及供水的作用，但這玉帶般的流水，
還是會讓人想起野外蜿蜒曲折的溪流。

平原

故宮最大的太和殿其實不算太高（與現代十二層高的大廈差不多），之所以讓我們看起來偉大，是因為那個比宮殿大上十多倍的庭院和在宮殿上方那大到不得了的天空。這不用建築的偉大建築，正是天地自然。

天空

皇宮裡最大的主題是天空。大殿廣場上的天空廣闊無垠，即使是後宮裡庭院深深，合院式的設計讓宮裡每個人，由皇帝到小宮女，都可以擁有自己的一小片天空，看初春的燕子，看深秋的月亮。到故宮，看天空。

斗栱

有人形容中國設計是「精緻化了的自然」：碗是彎曲合起的雙掌；筷子是兩根加長了的手指；木建築是圍合起來的幾棵樹。柱像樹幹般托起屋頂，之間連接的「分枝」是斗栱。

看柱，看斗栱，看樑上的彩畫朵朵花開，體會一下這個「精緻化了的自然」。

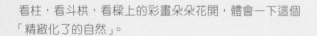

脊獸

屋頂像樹頂，也像一座座金黃色的山
（中國木建築常以「山」來形容屋頂各種形制：歇山、懸山、硬山）。
山是地上的最高處，也是天與地相連的地方。

入夜，看山脊彎彎曲曲的剪影，可能是幾棵樹，也許是一塊石，
又或是幾隻蹲著看天空的小動物。宮殿屋脊上的神獸，
有各自的性情，有各自的傳說，令原來只用作遮擋風雨的屋頂，
忽然透露出山間生命的靈氣。

山丘

當然還有一座真正的山 ——「日」出「京」城，
景山成了紫禁城安穩的靠背。
如同護城河和金水河是人工挖掘出來的一樣，景山也是人工
堆出來的（用建築宮殿剩下的物料）。

靠北方的山擋著呼呼北風，這也是小動物的智慧。
分別在於，小動物只會選擇合適的天然環境遷居，而聰明的
中國人，卻懂得遵照自然的法則，給自己建造最合適的居所。
就連建造皇宮也是這樣，莊重宏大之餘，也不失單純自然之美。

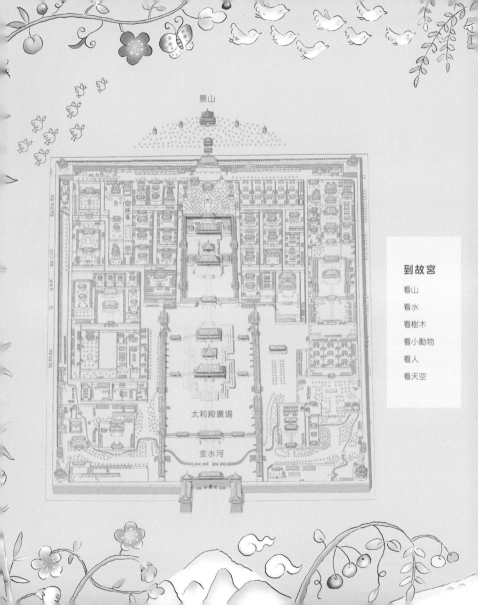

景山

到故宮

看山

看水

看樹木

看小動物

看人

看天空

太和殿廣場

金水河

「噢！這裡真好！」

從森林到皇宮，從皇宮到森林，
小動物看見都會說：「這裡真好！」

寫給將來的您

您好！

　　既然紫禁城保存至今已經超過六百年，希望您也可以把這本書好好保存，幾時想起便可翻出來看看，長大了又可打開來看 —— 看您小時候，我們給您講的故事。然後，該是時候由您想一想，要怎樣將故事說給您的小朋友聽了！

　　故宮裡的一切，基本上都是有生命的。就在您的小時候，這個世界已開始變得不太真實，人與人之間已逐漸不牽手，動物漸漸減少，植物除了在公園，就是在海報或屏幕裡才可見。「活生生」這個詞的解釋要快速調整來適應迅速遠離「活生生」的生活。每一件事，都讓人思考。

　　我們總有一些自己珍惜的東西，這些東西代表著一些故事、回憶或者貴重的價值。變成了博物院的紫禁城，本身就是一件大寶物，裝載著明、清兩個皇朝最重要的歲月，代表了一個民族，甚至整個人類都珍惜的故事和回憶，這一切，都藏在這座人類最大的皇宮裡。其實，在說給還是小朋友的您聽時，我們已不太了解六百多年前，曾經有十多萬人（如果記載是真的）在裡面生活和活動的皇宮是怎樣的一回事。根據2009年的統計，最多遊客參觀故宮的一天，人數正好

就是十多萬。這是比一個主題公園還要多的參觀人數，對一座皇宮來說，實在太不可思議了。

我們，至少我們中的絕大多數，不會是皇帝、嬪妃、皇子或大臣，也不可能完全明白沒有電子技術的通訊、資訊和娛樂的皇宮歲月會是如何度過的。但我們相信，無論什麼世代，只要是人，無論他是誰，都會有快樂和不快樂的時候，都會有關懷和被關懷的盼望。這些盼望，會以不同的形式一代一代地傳下來，傳到我們的手上，然後交給小時候的您。

讓將來的您，用您將來的方式，將盼望帶到您們的小朋友的世界裡，好嗎？

《我的家在紫禁城》系列叢書於2010年面世，至今仍能夠再和讀者見面，實有賴故宮博物院原常務副院長暨故宮出版社社長王亞民先生多年以來的關懷和愛護，王亞民先生與我既師亦友，情誼匪淺。謹在此表達由衷的感謝。

趙廣超

設計及文化研究工作室

《我的家在紫禁城》系列

你們這裡真好！
——小動物起宮殿

著　　者　　謝立文
繪　　圖　　麥家碧
監　　製　　謝立文　趙廣超
創　　意　　麥家碧　陸智昌
協　　力　　馬健聰　陳漢威　吳靖雯
　　　　　　張志欣　蘇　珏　吳啟駿
責任編輯　　工　昊　江其信
創作團隊　　設計及文化研究工作室有限公司
出　　版　　三聯書店（香港）有限公司
　　　　　　香港北角英皇道 499 號北角工業大廈 20 樓
　　　　　　Joint Publishing (H.K.) Co., Ltd.
　　　　　　20/F, North Point Industrial Building,
　　　　　　499 King's Road, North Point, Hong Kong
香港發行　　香港聯合書刊物流有限公司
　　　　　　香港新界荃灣德士古道 220-248 號 16 樓
印　　刷　　陽光（彩美）印刷有限公司
　　　　　　香港柴灣祥利街 7 號 11 樓 B15 室
版　　次　　2023 年 5 月香港第一版第一次印刷
規　　格　　特 24 開（140 x 160mm）52 面
國際書號　　ISBN 978-962-04-4716-7
　　　　　　© 2023 Joint Publishing (H.K.) Co., Ltd.
　　　　　　Published in Hong Kong, China.

本計劃的前期研究工作由何鴻毅家族基金贊助，故宮博物院支持。

CnC　設計及文化研究工作室
　　　DESIGN AND CULTURAL
　　　STUDIES WORKSHOP

故宮博物院
THE PALACE MUSEUM

設計及文化研究工作室

由趙廣超先生於 2001 年成立，一直致力研究和推廣傳統以至當代的藝術和設計文化。研究及工作範圍由書籍出版延展至包括數碼媒　體、展覽、教育項目等不同形式的嘗試，並積極與不同地域的單位合作，共同推動公眾乃至海外人士對中國藝術及設計的興趣與認識。

2010 年，設計及文化研究工作室有限公司正式註冊為香港慈善團體。

2015 年，故宮出版社與工作室共同成立故宮文化研發小組。

工作室致力於撰述有關中國藝術文化的普及讀物，已出版項目包括：
《不只中國木建築》、《筆紙中國畫》、《筆記清明上河圖》、《大紫禁城 —— 王者的軸線》、《國家藝術‧一章木椅》、《國家藝術‧十二美人》、《大紫禁城宮廷情調地圖》及《紫禁城 100》等。

《我的家在紫禁城》系列

《一起建前朝　一起看後宮》

《你們這裡真好！—— 小動物起宮殿》

《皇帝先生您好嗎？》

《故宮三字經》

《在紫禁城》

《幸福的碗》

鳴　謝

故宮博物院原常務副院長暨故宮出版社社長王亞民先生、

故宮出版社文化旅遊及雜誌部同仁，以及各位曾經給予本計劃指導的專家。